CHARLES ZETTEL

Le petit livre des champignons

FIRST Editions

Avertissement

Malgré le soin apporté à la publication de cet ouvrage, il se peut que le lecteur ne parvienne pas à identifier correctement une espèce rencontrée.

En aucun cas les auteurs ni l'éditeur ne sauraient être tenus responsables d'un quelconque accident survenu à la suite d'une erreur de reconnaissance d'une ou de plusieurs espèces.

Illustrations : Theodor Svarc

ISBN : 2-7540-0233-2
ISBN 13 : 978-2-7540-0233-2
Dépôt légal : 3e trimestre 2006

Nous nous efforçons de publier des ouvrages qui correspondent à vos attentes et votre satisfaction est pour nous une priorité.

Alors, n'hésitez pas à nous faire part de vos commentaires à :

Éditions Générales FIRST
27, rue Cassette
75006 Paris – France
Tél : 01 45 49 60 00
Fax : 01 45 49 60 01
Internet e-mail : firstinfo@efirst.com

Avant-propos

Le présent recueil ne prétend pas décrire ou présenter la totalité des champignons que l'on peut trouver en France. Par souci de lisibilité – et d'utilisation du présent manuel – le nombre de champignons présentés est volontairement restreint aux espèces les plus courantes, les meilleures sur le plan gastronomique et le plus aisément reconnaissables.
Ce choix – arbitraire – ne saurait réduire le monde des champignons à cette courte liste, le lecteur y ajoutera les espèces qui lui semblent incontournables !
Nous avons voulu ainsi présenter celles qui sont les plus dangereuses (et causent 80 % des accidents), afin de lui permettre de les éviter, celles qui sont à notre goût les meilleures et le plus facilement cuisinables, enfin celles qui sont les plus courantes, et que chacun a de grandes chances de rencontrer au cours de ses promenades.

Attention !

Les champignons sont des végétaux à part : leurs caractéristiques, leurs qualités gustatives, leur aspect physique et leur toxicité en font des aliments qu'il faut aborder avec précaution.

Comment reconnaître les « bons » champignons ?

Leurs caractéristiques doivent absolument concorder : aspect général (mince ou trapu, couleur), forme et composition du chapeau (taille, couleur, aspect, toucher, mais aussi présence de lamelles, de tubes, d'aiguillons), forme et composition du pied (anneau, volve).

Ne récoltez pas les champignons dont vous n'êtes pas sûr.

Malgré le choix volontairement directif de ce guide, il se peut que vous hésitiez : montrez le produit de votre récolte à votre pharmacien, si vous habitez en zone rurale, ou à des personnes dont le jugement est infaillible. Ne prenez de risques en aucun cas.

Certains champignons n'ont pas toujours les mêmes vertus gustatives ou digestives.

Leur appréciation varie énormément selon les individus ou le mode de cuisson. Avant de préparer un énorme plat de nouveaux champignons pour toute la famille, faites un essai en petites quantités.

Généralités

Comment poussent les champignons ?

N'ayant pas de chlorophyle, les champignons ne peuvent pousser tout seuls sans la présence des autres espèces végétales. Ils sont issus d'un spore, sorte de « graine » microscopique capable de développer le mycélium, partie végétative du champignon.
Une heure ou deux peuvent suffire à la croissance de certains, qui ne durent pas davantage (divers coprins), il faut à d'autres une quinzaine de jours pour atteindre la taille adulte (chanterelles).
Les champignons sont les véritables « éboueurs » de la nature, tant ils participent à l'élimination des feuilles mortes et autres résidus ligneux, en les transformant en terreau ou en les ramenant à l'état minéral.

Les ronds des champignons

Ce ne sont pas des « ronds de sorcière » ! Mais le tracé laissé par la croissance du mycélium souterrain, qui poursuit son chemin après avoir épuisé le sol où il vivait la première année. Le mycélium concentre en outre les nitrites, qui servent d'engrais et font l'herbe plus drue et plus verte !

La morphologie des champignons

Celle-ci prend des formes très variées.

Chapeaux : ils peuvent être ronds et convexes (cèpe), aplanis (langue de bœuf), pointus (morille), en entonnoir (chanterelle), en cloche (mousseron). Ces chapeaux peuvent être recouverts d'une fine pellicule ou de verrues.

Sous le chapeau : certains champignons possèdent des lamelles (mousserons), d'autres des aiguillons (pieds de mouton), d'autres enfin des lames (chanterelles).

Pieds : ils possèdent parfois un anneau qui entoure leur sommet ou leur base (oronge), une volve, sorte de reste d'un voile qui enveloppait le champignon à sa naissance et qui s'est déchiré lors de la croissance.

Quand et comment ramasser les champignons ?

Les champignons poussent généralement de mars à octobre, la saison idéale pour la cueillette étant septembre. Les conditions les plus propices sont rassemblées lorsque le temps est doux, ni trop chaud, ni trop froid, après la pluie et s'il ne fait pas trop de vent. Recherchez les bords de prés humides pour les espèces de prairie. En forêt, évitez les surfaces trop couvertes d'arbustes, lierre, fougères et genêts, pour privilégier les fonds de vallons humides, les pieds des arbres appropriés à chaque espèce, les espaces moussus ou légèrement herbus, le plus souvent moyennement ombragés, et protégés du vent.

Si vous pratiquez la cueillette régulièrement dans une même région, notez l'endroit approximatif où vous avez trouvé des champignons, cela vous permettra de ne pas trop chercher lorsque vous y reviendrez !

Rien ne permet d'affirmer que la lune montante est une période propice, c'est pourtant l'époque préférée des ramasseurs, et souvent des champions !

Attention aux propriétés privées : les champignons appartiennent aux propriétaires des terrains. Il est préférable de demander préalablement l'autorisation de les ramasser. En forêts et bois communaux, la cueillette « familiale » (par opposition à « industrielle ») est autorisée.
Posez délicatement les champignons que vous aurez cueillis dans un panier rigide sans trop les entasser, car hormis quelques espèces particulièrement robustes (chanterelles, bolets), la plupart s'écrasent très rapidement.
Ne détruisez pas les espèces que vous ne ramassez pas : les champignons participent très activement à l'équilibre de l'écosystème.

Comment vous servir de ce guide ?

Les espèces décrites dans ce recueil sont les plus courantes, les plus dangereuses, ou les plus goûteuses. Chaque espèce est illustrée par un dessin accompagné d'un descriptif systématique.

Où les trouver ?

Habitat naturel, végétaux avec lesquels ils vivent en symbiose.

Comment les reconnaître ?

Description morphologique.

Quand poussent-ils ?

Époque, climat.

Cuisinés, peut-on les manger ?

Les champignons sont classés par ordre alphabétique de leurs noms communs.

Renoncez à quelques idées reçues

- Les champignons sont vénéneux ou toxiques, et non pas venimeux.
- Ce n'est pas en les rapprochant d'un oignon ou d'une cuillère en argent pour les faire noircir qu'on reconnaît les champignons toxiques.
- Faire bouillir les champignons ne les débarrasse pas de leur toxicité.
- Les champignons toxiques ne sont pas reconnaissables à leur changement de couleur, lorsqu'on les coupe : cela arrive aussi aux excellents !
- Les limaces mangent indifféremment les bons et les mauvais champignons, ce n'est donc pas un moyen de reconnaissance.
- Dire que tous les champignons qui poussent au printemps sont comestibles est une erreur : il en pousse autant en automne.

Il existe un seul moyen de reconnaître les bons champignons : apprendre à les reconnaître !

Si vous avez la moindre hésitation, si toutes les caractéristiques indiquées ne sont pas présentes, ne prenez pas de risques inutiles : montrez votre récolte à des spécialistes (vétérinaires, pharmaciens, mycologues, ou consommateurs avertis).
Alors bon vent, bonne chasse... et bonne dégustation !

Planches illustrées

Symboles utilisés :

Mortel ....

Extrêmement toxique, parfois mortel ....

Très toxique ....

Éviter de consommer ....

Mangeable ....

Bon comestible ....

Mets de choix ....

Premiers signes de reconnaissance .... ✔

✔ Chapeau brun
6 à 10 cm
de diamètre
avec points
très blancs

Amanite panthère

Amanita pantherina

? Où les trouver ?

Dans les bois, sous les bruyères ou même les sapins.

Comment les reconnaître ?

Comme la plupart des amanites, l'amanite panthère est très reconnaissable :

- le chapeau – d'un petit diamètre – de couleur brune est piqueté de verrues très blanches, semblables à des gouttes de lait
- un anneau, ici mince et souvent strié de blanc, ainsi qu'une volve habillent le pied
- le bas du pied, très caractéristique, est surmonté de bourrelets hélicoïdaux.

Sa chair ne rosit pas à la cassure et sent mauvais en vieillissant.

À ne pas confondre avec d'autres amanites comme l'amanite rougissante (également appelée golmote) excellente après la cuisson, mais qui ne fait pas partie de cette sélection. Un conseil : ne cueillez aucun champignon qui puisse ressembler à cette description !

Quand poussent-ils ?

De juin à octobre.

Cuisinés, peut-on les manger ?

Non. L'amanite panthère est un dangereux toxique.

✔ Chapeau
de 3 à 15 cm
de diamètre

Amanite phalloïde

Amanita phalloides

? Où les trouver ?

L'amanite phalloïde est très répandue et très dangereuse. Elle pousse dans toutes les forêts, sous toutes sortes d'arbres, et sur tous les terrains. On la trouve rarement en montagne.

Comment les reconnaître ?

Il convient d'observer attentivement le champignon :

- le chapeau – de taille moyenne – est vert, vert jaunâtre ou olivâtre, un peu visqueux
- sous le chapeau, on observe des lamelles blanches
- le pied est ferme et blanchâtre, il porte un bel anneau vers son sommet, et au pied une volve solide et épaisse, reste de la membrane qui recouvrait le champignon à sa naissance.

À ne pas confondre avec les russules, qui n'ont ni volve ni anneau.

Quand poussent-ils ?

De juillet à novembre.

Cuisinés, peut-on les manger ?

Surtout pas ! L'amanite phalloïde est mortelle dans quasiment tous les cas. Et responsable à elle seule de 90 % des décès. Une fois identifiée, il est conseillé de la détruire, pour éviter qu'elle ne tente d'autres promeneurs !

- Lames blanches
- Points blancs sur chapeau rouge

Amanite tue-mouche

Amanita muscaria

? Où les trouver ?

Plutôt sous les bouleaux ou les épicéas.

Comment les reconnaître ?

C'est la plus décorative des amanites, reconnaissable à son chapeau :

- chapeau rouge à verrues blanches – attention : la pluie peut délaver ces points et la faire ressembler à l'oronge
- lames toujours blanches
- pied blanc très long pourvu d'un large anneau.

À ne pas confondre avec l'oronge, dont le chapeau est jaune-orange, mais dont les lamelles et le pied sont toujours jaunes.
C'est un très beau champignon, heureusement très reconnaissable : on ne signale jamais d'accidents qui lui soient imputables.

Quand poussent-ils ?

En automne.

Cuisinés, peut-on les manger ?

Non. L'amanite tue-mouche, très toxique, ne doit pas être ramassée.

✔ Champignon
entièrement
blanc

Amanite vireuse

Amanita virosa

? Où les trouver ?

L'amanite vireuse pousse dans les bois de feuillus clairs, surtout en montagne, et particulièrement sur des sols de silice.

Comment les reconnaître ?

Avec l'amanite phalloïde, l'amanite vireuse est un champignon mortel qu'il faut absolument reconnaître :

- chapeau blanc visqueux – 5 à 10 cm de diamètre
- lamelles blanches
- pied blanc avec un anneau assez floconneux, et une volve épaisse, blanche également.

La chair est d'odeur fétide.

L'amanite vireuse ressemble à l'amanite printanière, plus présente dans le Sud de la France, et qui pousse de préférence sur terrain calcaire : évitez donc de ramasser un champignon ressemblant à cette description.

Quand poussent-ils ?

En automne. Plus rare que la phalloïde.

Cuisinés, peut-on les manger ?

Absolument pas. Ce champignon est extrêmement toxique. A détruire lorsqu'il a été identifié. En cas d'ingestion, seule une hospitalisation immédiate peut sauver le sujet.

✔ Chapeau (10 cm) couleur de miel, pousse en groupe sur des arbres

Armillaire couleur de miel

Armillariella mellea

? Où les trouver ?

Ce champignon vit en parasite sur des arbres vivants ou morts. C'est une espèce commune.

Comment les reconnaître ?

Grâce au chapeau à la couleur caractéristique, couvert de mèches poilues brunes :

- le pied est brun, écailleux, sous un anneau membraneux, épais et blanc
- les lames sont de couleur crème, parfois tachetées de brun.

La chair est blanche et brunissante, un peu piquante au goût.

Quand poussent-ils ?

En automne et en hiver, sur des arbres qu'il fait dépérir.

Cuisinés, peut-on les manger ?

Oui, à condition de le faire cuire au moins un quart d'heure. Ce champignon est très parfumé.

- ✔ Grande taille (on le voit de loin !)
- ✔ Couleur orange à brune

Bolet orange

Krombholziella aurantiaca

? Où les trouver ?

Sous les feuillus, dans les bois de charmes et surtout sous les bouleaux, dans l'herbe et à la lisière des bois.

Comment les reconnaître ?

Chapeau charnu de 10 à 18 cm de diamètre, à la couleur caractéristique.

- le pied est long (10 à 20 cm), détachable du chapeau (comme tous les bolets), et recouvert de petites aspérités brunes puis noirâtres qui lui donnent un aspect moucheté
- la chair est blanche, devenant enfumée et gris violacé à la coupe.

Quand poussent-ils ?

À l'automne, en milieu de saison.

Cuisinés, peut-on les manger ?

Oui. C'est un comestible de moyenne qualité, au goût assez peu prononcé, et qui noircit en cuisant. Il convient de le griller fortement pour raffermir sa chair molle.

Chair bleuissant
à la cassure

Bolet satan

Boletus satanas

? Où les trouver ?

Dans les bois de feuillus clairs, en terrain calcaire et sec. Il pousse volontiers les années chaudes.

Comment les reconnaître ?

Le bolet satan est un gros champignon compact et épais :

- le chapeau blanchâtre devient verdâtre avec le temps – 8 à 30 cm de diamètre
- sous le chapeau, comme sous tous les bolets, on aperçoit les tubes, sorte de faisceau végétal qui se présente verticalement
- le pied est obèse et court, jaune et rouge, à réseau rouge vers le haut.

La chair blanche, très épaisse, lui confère une caractéristique fort utile à son identification : elle bleuit ou verdit à l'air libre, à la cassure.

Quand poussent-ils ?

De juillet à septembre. Il peut peser jusqu'à 5 kg !

Cuisinés, peut-on les manger ?

Non. Mieux vaut s'abstenir de le consommer, car c'est un vomitif puissant.

✔ Chapeau noir

Bolet tête de nègre

Boletus aereus

? Où les trouver ?

Dans les forêts de chênes et de hêtres bien exposées, car ce champignon aime la chaleur.

Comment les reconnaître ?

Le bolet tête de nègre est très populaire, car c'est le cèpe le plus facilement reconnaissable :

- le chapeau est tout noir, rond lorsque le champignon est jeune pour devenir convexe ; le toucher est sec, légèrement humide par temps couvert
- sous le chapeau, comme sous tous les bolets, on aperçoit les tubes, sorte de faisceau végétal qui se présente verticalement
- le pied est gros, voire énorme, et s'allonge à maturité.

La chair dégage une bonne odeur de terre.

Quand poussent-ils ?

De juin à septembre.

Cuisinés, peut-on les manger ?

Bien sûr : pour les gourmets, c'est le meilleur des bolets !

✔ Couleur brune,
pas de lames

Cèpe de Bordeaux

Boletus edulis

? Où les trouver ?

Dans la plupart des forêts de feuillus (chênes, châtaigniers), les chemins boisés. Il est très capricieux, surabondant certaines années, introuvable parfois, sans raison particulière.

Comment les reconnaître ?

Champion toutes catégories des chercheurs et amateurs, le cèpe de Bordeaux peut atteindre une taille respectable – jusqu'à 25 cm de diamètre :

- le chapeau, épais et convexe, est brun-roux, un peu humide, mollissant avec l'âge
- sous le chapeau, comme sous tous les bolets, on aperçoit les tubes, sorte de faisceau végétal qui se présente verticalement
- le pied est épais et brun clair, recouvert d'un réseau blanc en relief.

La chair du bolet est épaisse, blanche et tendre, à l'odeur et à la saveur très agréables.

Quand poussent-ils ?

D'août à novembre.

Cuisinés, peut-on les manger ?

Sans hésiter. Les bolets ne comptent aucune espèce mortelle.

✔ Ressemble à
du corail rose-champagne

Clavaire jolie

Clavaria formosa

? Où les trouver ?

Dans les forêts de feuillus (hêtres) où elle forme souvent des cercles complets, comme des récifs de corail.

Comment les reconnaître ?

C'est un beau champignon, très décoratif, de grande taille (10 à 20 cm de haut), de couleur rose-champagne :

- le tronc se divise en rameaux cylindriques, terminés par des dents en pointe de couleur plus jaune
- elle dégage une odeur de sciure de hêtre.

La chair est blanche, rougissant un peu.

Le risque de confusion est important avec d'autres clavaires de même couleur, non comestibles, mais moins vénéneuses.

Quand poussent-ils ?

En automne.

Cuisinés, peut-on les manger ?

Non. Ne vous fiez pas à leur joli aspect ! La consommation de ce champignon provoque des douleurs gastro-intestinales.

✔ Le chapeau porte un revêtement « glacé »

Clitocybe blanchâtre

Clitocybe candicans

? Où les trouver ?

En troupe dans les taillis, les bruyères et les feuilles mortes. Ne pousse pas sous les conifères.

Comment les reconnaître ?

Champignon de petite taille, au chapeau beige/blanc brillant, comme recouvert d'une pellicule glacée.

- les lamelles sont étroites, le pied grêle, lisse et creux.

La chair est mince, à l'odeur de farine.

Quand poussent-ils ?

À l'automne.

Cuisinés, peut-on les manger ?

Surtout pas. Ce champignon très toxique contient un poison, la muscarine, qui provoque d'énormes sueurs, ainsi que de très sérieux troubles oculaires et cardiaques particulièrement angoissants.

✔ Grand chapeau (jusqu'à 20 cm) gris cendré

Clitocybe nébuleux

Lepista ou clytocybe nebularis

? Où les trouver ?

Dans les grands bois de feuillus, sous les conifères et même dans quelques prés, où ils se regroupent en grands « ronds de sorcière ».

Comment les reconnaître ?

Ce gros champignon exhale une petite odeur de moisi, assez caractéristique :

- le gros chapeau arrondi – 6 à 20 cm de diamètre – , de couleur gris cendré, est luisant et sec
- des lamelles blanchâtres descendent assez bas sur le pied
- le pied est spongieux et creux, haut de 6 à 20 cm.

À ne pas confondre avec un champignon assez semblable (Entolome livide), qui lui est toxique, mais dont les lamelles, non descendantes, sont rose pâle.

Quand poussent-ils ?

En automne, jusqu'aux gelées, où il pousse en abondance.

Cuisinés, peut-on les manger ?

Certains l'apprécient, bien que l'odeur, parfois forte, soit repoussante pour beaucoup de consommateurs.

- ✔ Couleur crème, ocre
- ✔ Devient luisant avec le temps

Collybie du chêne

Collybia dryophila

? Où les trouver ?

Sous les chênes, bien sûr, mais encore plus souvent sous les conifères, à toutes les altitudes. Ce champignon pousse en grande quantité et se nourrit exclusivement de feuilles mortes ou d'aiguilles tombées.

Comment les reconnaître ?

C'est un petit champignon au chapeau de 2 à 3 cm de diamètre, de forme ronde, déprimée en son centre.

- les lamelles sont serrées, de couleur blanche ou jaune
- le pied est tenace, brillant et d'un jaune souvent vif.

La chair est mince, blanche et très parfumée.

Quand poussent-ils ?

Pendant toute la saison, du premier printemps (elle apparaît même avant les morilles) à la fin de l'automne, où ils sont souvent les derniers à pousser.

Cuisinés, peut-on les manger ?

Oui, mais il faut éliminer les pieds, trop coriaces. Ce modeste champignon très parfumé relève souvent la fadeur de beaucoup d'autres espèces.

- ✔ Chapeau jaunâtre, ridé et visqueux
- ✔ Longue racine blanche

Collybie radicante

Oudemansiella radicata

? Où les trouver ?

Dans les bois, autour des souches et des bois morts dont il se mourrit.

Comment les reconnaître ?

C'est un champignon moyen au chapeau mamellonné, ridé et glutineux, ce qui permet de le reconnaître facilement.

- les lamelles sont espacées, larges et blanches
- le pied est creux et très long, plus large à la base qu'au sommet. Quand on le cueille, on déterre une longue racine blanchâtre, ce qui permet de l'identifier sans faute (c'est l'origine de son nom).

La chair est pâle, et d'une saveur douce.

Quand poussent-ils ?

Du printemps à l'automne, sur les bois en décomposition.

Cuisinés, peut-on les manger ?

Oui, c'est un commestible agréable, sans plus.

✔ Chapeau
couvert
de mèches
blanches

Coprin chevelu

Coprinus comatus

? Où les trouver ?

Dans les lieux bien fumés, les pâturages, les bords de routes ou les décharges.

Comment les reconnaître ?

Le coprin chevelu est très reconnaissable :

- le chapeau est en forme d'éteignoir – 8 à 15 cm de diamètre – recouvert d'écailles recourbées et blanches
- les lamelles, à maturité, deviennent noires et à terme se liquéfient entièrement, comme le reste du chapeau
- il ne reste alors que le pied, tout blanc, éventuellement encore porteur d'un anneau coulissant et très fugace.

Quand poussent-ils ?

D'avril à novembre. Les coprins chevelus se regroupent en touffes. Il convient de les cueillir très jeunes.

Cuisinés, peut-on les manger ?

Oui, à condition de les consommer immédiatement après la cueillette et que les lamelles n'aient pas commencé à noircir.

✔ Chapeau ovale puis en cloche, gris

Coprin noir d'encre

Coprinus atramentarius

? Où les trouver ?

Dans les jardins ou les terrains fumés, sur les bois morts enterrés, où il pousse en touffes imposantes.

Comment les reconnaître ?

Le coprin noir, haut de 10 à 20 cm, possède :

- un chapeau gris jaunâtre qui se liquéfie en vieillissant, et se transforme en encre noire, d'une excellente qualité par ailleurs ! (recueillir le liquide qui coule du chapeau, le faire bouillir avec des clous de girofle, puis filtrer)
- des lamelles
- un pied blanc et creux qui porte un anneau fugace.

Les bords du chapeau se relèvent et se déchirent progressivement avec le vieillissement du champignon.

Quand poussent-ils ?

D'avril à novembre.

Cuisinés, peut-on les manger ?

Oui. À condition qu'il soit très frais.

Très important : ne jamais consommer d'alcool en même temps que le coprin noir d'encre : il se révèle alors très toxique.

✓ Couleur cannelle

Cortinaire cannelle

Cortinarius cinnamomeus

? Où les trouver ?

Dans la plupart des bois de feuillus (chênes) et de conifères.

Comment les reconnaître ?

Comme tous les cortinaires, il possède une sorte de fin voile qui relie le pied au chapeau :

- un chapeau de 3 à 7 cm de diamètre, mamelonné en son centre, de couleur jaune cuivré, comme tout le champignon
- des lames souvent d'un jaune plus vif
- un pied creux et grêle.

La chair est tendre et a l'odeur caractéristique du géranium.

Quand poussent-ils ?

De septembre à novembre.

Cuisinés, peut-on les manger ?

Surtout pas. Le cortinaire cannelle est dangereusement toxique.
Il est d'ailleurs conseillé d'éviter de consommer la plupart des cortinaires, dont beaucoup sont toxiques.
Seul le majestueux, facilement repérable par sa taille, est consommable.

✔ Très gros champignon

Cortinaire majestueux

Cortinarius praestans

? Où les trouver ?

Dans les forêts de hêtres et sur terrains calcaires, en colonies décrivant des cercles.

Comment les reconnaître ?

Ce champignon est facilement reconnaissable : c'est un géant qui peut mesurer jusqu'à 25 cm de haut, avec un chapeau pouvant atteindre 30 cm :

- le chapeau est large, étalé, de couleur rousse ou brun chocolat, ridé sur les bords
- les lamelles sont de couleur ocre
- le pied est blanc lilas, et recouvert d'un voile chez les sujets jeunes.

La chair est blanche et ferme, d'odeur agréable.

Quand poussent-ils ?

En automne.

Cuisinés, peut-on les manger ?

Ce champignon est le meilleur des cortinaires. Il est plutôt conseillé de le consommer jeune – il est plus tendre – en ne ramassant que les têtes, qui peuvent être cuisinées farcies, comme les tomates (faire d'abord dorer puis cuire au four).

✔ Couleur fauve rouge orangé

Cortinaire très beau

Cortinarius speciosissimus

? Où les trouver ?

Au bord des tourbières, dans les forêts d'épicéas, où il se cache sous les myrtilles, dans la mousse.

Comment les reconnaître ?

La couleur du chapeau du cortinaire très beau va du fauve au jaune vif, en passant par les tons rouges ou cannelle, et lui permet souvent d'être reconnu... et donc évité :

- chapeau pointu au centre en une sorte de mamelon protubérant – le diamètre n'excède pas 10 cm. Les bords du chapeau se fendent lorsque le cortinaire vieillit
- lames espacées, de couleur rouille
- pied grêle.

Quand poussent-ils ?

D'août à novembre.

Cuisinés, peut-on les manger ?

Surtout pas ! Ce champignon est très dangereux : il attaque et détruit les tissus rénaux du corps humain.

- Chapeau couvert d'écailles brunes
- Peut mesurer 40 cm de haut !

Coulemelle ou lépiote élevée

Macrolepiota procera (ou collumella)
Autres noms : couleuvrée, Saint-Michel, nez de chat

? Où les trouver ?

En forêt claire et taillis sur terrain acide, ainsi que dans les prés et les champs siliceux.

Comment les reconnaître ?

Ce délicieux champignon, très connu et très ramassé, est aisément reconnaissable :

- chapeau beige recouvert d'écailles brun foncé
- lamelles très larges et très serrées
- pied tigré de brun, de façon très caractéristique, avec un anneau double à son sommet.

La chair reste blanche à la cassure.

Ne ramassez que les grandes coulemelles, sans toucher aux petites (moins de 10 cm) qui sont dangereuses et dont la chair rougit.

Quand poussent-ils ?

De juillet à octobre.

Cuisinés, peut-on les manger ?

Bien sûr, en faisant bien attention de ne pas les confondre avec l'amanite panthère (pied blanc).

✔ Chapeau de couleur brique, à granulation veloutée

Cystoderme rouge cinabre

Cystoderma cinnabarinum

? Où les trouver ?

Dans les bois de conifères des montagnes. C'est une espèce assez rare.

Comment les reconnaître ?

C'est un joli champignon de 5 à 8 cm de diamètre, au chapeau frangé assez charnu, recouvert de granulés veloutés et d'une belle couleur orangé-rouge (d'où son nom).

- les lamelles sont blanches, curieusement séparables
- le pied est pâle, recouvert à sa base d'écailles floconneuses et porte à son sommet les restes d'un anneau fragile.

L'odeur est neutre, et la chair blanchâtre.

Quand poussent-ils ?

De l'été à l'automne.

Cuisinés, peut-on les manger ?

Peut-être, mais il vaut mieux s'abstenir.

- ✔ Odeur agréable de farine
- ✔ Lamelles jaune vif à rose

Entolome livide

Entoloma lividum

? Où les trouver ?

Dans les bois de feuillus, les parcs, les haies.

Comment les reconnaître ?

L'entolome livide ressemble fortement au clitocybe nébuleux (même chapeau gris, même grande taille) qui, lui, est comestible ; seule l'observation des lamelles permet d'éviter une grave confusion :

- le chapeau est gris « livide »
- les lamelles sont larges (blanches chez le clitocybe, jaunes à rose cendré pour l'entolome)
- le pied est assez long, tout blanc.

La chair est épaisse, blanche et fragile.

Quand poussent-ils ?

De juillet à octobre, en groupe ou en cercle.

Cuisinés, peut-on les manger ?

Non. Bien que ce champignon soit rarement mortel, il provoque de graves désordres intestinaux.

✔ Couleur : entièrement jaune

Girolle ou chanterelle

Cantharellus cibarius

? Où les trouver ?

Dans les bois, au bord des talus et le long des haies boisées. Elle aime la mousse, où elle croît en groupes.

Comment les reconnaître ?

De taille moyenne, elle est la plus populaire. Tout, en effet, la rend sympathique – sa couleur jaune et sa forme :

- le chapeau, petite trompette aux bords ourlés
- sous le chapeau, des plis, qui ne sont pas des lamelles détachables au grattage (fausse girolle), mais de véritables excroissances de chair, aux ramifications aléatoires, descendant sur un pied assez épais et tronconique
- le pied est jaune un peu plus vif que le chapeau.

Sa chair à l'odeur fruitée est d'un blanc jaunâtre.

Quand poussent-ils ?

En été, après les pluies d'orage.

Cuisinés, peut-on les manger ?

Bien sûr ! La girolle est excellente avec les poissons.

- Chapeau de 10 cm, gluant
- Pied jaune

Gomphide glutineux

Gomphidius glutinosus

? Où les trouver ?

Presque uniquement sous les conifères, en petits groupes. C'est une espèce courante.

Comment les reconnaître ?

Grâce à leur pied jaune vif, aussi gluant que le chapeau :

- ce dernier est de couleur grise, tacheté de noir, recouvert d'un voile épais et visqueux
- les lames sont fourchues, grises puis noires.

La chair est blanche, mais noircit au toucher.

Le risque de confusion est faible.

Quand poussent-ils ?

En automne, dans les endroits humides.

Cuisinés, peut-on les manger ?

Oui, à condition de retirer la pellicule qui couvre le chapeau et le pied.

✔ Pied et lamelles de couleur jaune soufre

Hygrophore à lamelles soufrées

Hygrophorus hypothejus

? Où les trouver ?

Dans les bois de conifères, surtout sous les pins et les endroits herbus.

Comment les reconnaître ?

C'est une espèce petite/moyenne, de 4 à 6 cm de diamètre.

- le chapeau est mince, de couleur bistre olivâtre, et l'on voit par transparence ses lamelles jaune soufré !
- cette couleur caractéristique, qui donne son nom à ce champignon, teinte également le pied (celui-ci est mou et un peu poilu), et vire avec l'âge au jaune orangé.

La chair est tendre, de saveur douce, sans odeur.

Quand poussent-ils ?

À l'automne, très tardivement. C'est peut-être le dernier champignon à apparaître dans la saison.

Cuisinés, peut-on les manger ?

Oui. Ce champignon est comestible, bien que sans grand intérêt culinaire.

✔ Tout blanc avec
un chapeau
mamelonné
très visqueux

Hygrophore blanc

Hygrophorus niveus

? Où les trouver ?

Dans les forêts de feuillus ou de conifères.

Comment les reconnaître ?

Leur caractéristique première est la blancheur intégrale, lamelles comprises. De plus, il a une forme très élancée :

- le chapeau est finement cotonneux, gluant
- les lamelles sont épaisses et écartées
- le pied est également visqueux, avec des granules à son sommet.

La chair est molle, blanche, inodore et insipide.

Quand poussent-ils ?

En automne, dans les forêts humides.

Cuisinés, peut-on les manger ?

Oui. Mais ce champignon, s'il est mangeable, est sans grand intérêt.

✔ Beau champignon lisse, à couleur caractéristique, qui pousse en touffe

Hypholome à couleur de brique

Hypholoma sublateritium

? Où les trouver ?

Sur les souches et les racines mortes, dans les bois, les prés et les vergers.

Comment les reconnaître ?

À la marge de leur chapeau, pâle ou voilée :

- le pied est plein, de 5 à 10 cm de hauteur, et porte un anneau plus ou moins membraneux
- les lamelles sont blanchâtres puis de couleur olive foncée très rare.

La chair est très amère.

Son cousin fasciculé *(H. fasciculare)* est plus commun, de couleur jaune, plus précoce, et plus amer également.

Quand poussent-ils ?

Depuis le début du printemps jusqu'à l'automne.

Cuisinés, peut-on les manger ?

Non. La chair, très amère, n'est pas comestible.

✔ Entièrement
de couleur
améthyste vif
(violet)

Laccaire améthyste

Laccaria amethystea ou amethystina

? Où les trouver ?

C'est un champignon très commun, que l'on trouve sur les terrains acides, dans la mousse et dans les endroits les plus humides (et donc ombragés) de la forêt. Pousse en troupes nombreuses.

Comment les reconnaître ?

La couleur caractéristique de ce champignon lui permet d'être facilement reconnu ; en vieillissant, le violet tend vers le gris bleuté.

- le chapeau est petit (3 à 5 cm), sec et ondulé ; on voit souvent en son centre un trou qui correspond au vide du pied (celui-ci est creux et long)
- les lamelles, irrégulières, touchent à peine le bord du pied.

La chair est mince, de saveur douce et d'odeur agréable.

Quand poussent-ils ?

Au printemps et à l'automne.

Cuisinés, peut-on les manger ?

Oui, la saveur et la consistance sont très plaisants, et on les trouve en quantité ! Éliminer le pied, trop coriace.

- ✔ Toucher velouté
- ✔ Gouttes d'eau sur les lamelles

Lacrymaire velouté

Psathyrella velutina

? Où les trouver ?

Sur les terres nues et grasses, près des fumiers par exemple, ou dans les vergers. Peuvent se rencontrer dans les sentiers.

Comment les reconnaître ?

C'est un grand champignon dont le chapeau dépasse souvent 10 cm de diamètre. Celui-ci est de forme convexe, de couleur jaunâtre ou roussâtre, recouvert de fibrilles (sortes de stries). Du bord des lamelles sortent en permanence des gouttes liquides et noires (d'où le nom lacrymaire).

- le pied est creux, assez épais, pourvu d'un anneau lâche
- humide et fragile, de couleur brunâtre, la saveur est douce et fine.

Quand poussent-ils ?

Au printemps.

Cuisinés, peut-on les manger ?

Oui. Ce champignon est un bon comestible, mais il a l'inconvénient de noircir les plats qui l'accompagnent...

- Grand chapeau blanc-rosé à l'aspect feutré
- odeur âcre

Lactaire à toison

Lactarius vellereus

? Où les trouver ?

Sous les bouleaux et les hêtres.

Comment les reconnaître ?

Ce robuste champignon est reconnaissable à de nombreuses caractéristiques :

- la marge de son gros chapeau (15 à 20 cm) en entonnoir est très frangée
- le revêtement de ce chapeau est composé de gros poils entremêlés, lui donnant un aspect feutré
- le pied est court, dur et velouté, de couleur blanche.

La chair est inodore, mais le lait est d'une forte âcreté.

Quand poussent-ils ?

En automne, jusqu'à très tard dans la saison.

Cuisinés, peut-on les manger ?

Non. Il provoque des troubles digestifs.

✔ Couleur orangée et chair rouge

Lactaire délicieux

Lactarius deliciosus

? Où les trouver ?

Dans l'herbe des bois de pins.

Comment les reconnaître ?

Facilement, à sa couleur orange bien particulière.
Petit à petit, il se tache de vert, pour le devenir entièrement :

- le chapeau, convexe, est creux en son centre
- les lamelles sont serrées, de couleur orangée
- le pied, court, devient entièrement creux en vieillissant.

Il coule de sa chair, dure et cassante, un lait rouge, caractéristique.

À ne pas confondre avec un autre lactaire non comestible, plus jaune et qui ne verdit pas (lactaire saumon), ni avec le lactaire à toison, au chapeau blanc et pelucheux, et à la chair toxique (voir page précédente).

Quand poussent-ils ?

Dès la fin de l'été et pendant tout l'automne.

Cuisinés, peut-on les manger ?

Peut-être le lactaire délicieux ne l'est-il pas à ce point ? Il possède un assez fort goût de résine qui peut plaire, cependant.

✔ Une vraie langue de bœuf sur un arbre !

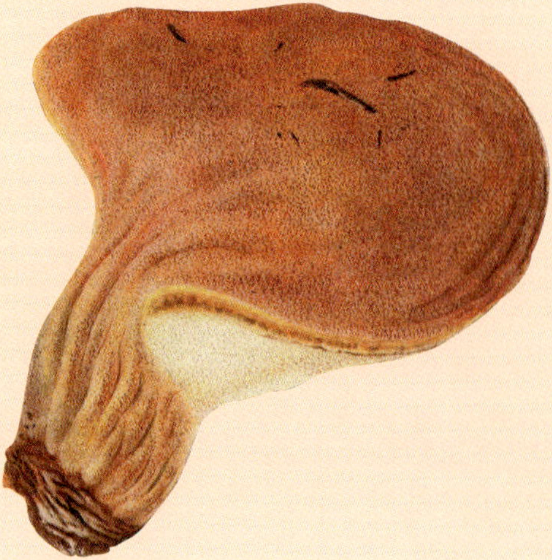

Langue de bœuf

Fistulina hepatica

? Où les trouver ?

Sur les troncs de châtaignier et de chêne, dont elle fait pourrir le bois.

Comment les reconnaître ?

Sa forme est unique en son genre, et ce champignon peut peser jusqu'à 1 kg – largeur de 10 à 15 cm et longueur de 5 à 20 cm :

- un chapeau sans pied, de couleur rouge sang devenant brun avec l'âge
- sous le chapeau, des tubes très fins, isolés et séparés comme les poils d'une brosse, de couleur crème.

La chair est pesante et molle et laisse, une fois coupée, s'écouler un liquide rouge.

Quand poussent-ils ?

De juillet à novembre.

Cuisinés, peut-on les manger ?

Oui. C'est un comestible acceptable.

✔ Chapeau cônique revêtu d'écailles brunes

Lépiote crêtée

Lepiota cristata

? Où les trouver ?

Le long des sentiers, dans les bois, et dans les prés à la lisière des bois.

Comment les reconnaître ?

Ce champignon dangereux, d'une espèce très commune, se reconnaît principalement au revêtement brun qui recouvre son chapeau en se craquelant du sommet vers les bords (le sommet, un peu pointu, reste uniformément brun, alors que les bords sont presque blancs).

- les lamelles blanches, très serrées, sont séparées du pied par un anneau (collarium)
- chair blanche à grise, à forte odeur de radis pourri
- pied mince et soyeux, pourvu d'un anneau caduc.

Quand poussent-ils ?

Au printemps.

Cuisinés, peut-on les manger ?

Non, c'est un champignon très toxique.

✔ Pied « laineux », recouvert de poils

Marasme chaussé

Collybia peronata

? Où les trouver ?

Dans les feuilles mortes, au pied des hêtres et sous les feuillus.

Comment les reconnaître ?

Grâce à leur pied aux caractéristiques très particulières :

- il est entouré à sa base par de longs poils laineux et gris
- le chapeau convexe est blanchâtre, ou chamois jusqu'au gris-brun, de 4 à 6 cm de diamètre.

La chair est très mince, ocre, de saveur poivrée et à l'odeur vinaigrée.

Ce champignon se ratatine en période sèche, et reprend ses formes quand il pleut.

Quand poussent-ils ?

En été et en automne.

Cuisinés, peut-on les manger ?

Non. Ce champignon n'est pas comestible.

✔ Larges alvéoles
plissées
à l'intérieur

Morille ronde

Morchella esculenta

? Où les trouver ?

Sous les pommiers, les frênes, et sur les terres remuées – jardins, déblais, plantations.

Comment les reconnaître ?

La morille ronde est bien reconnaissable à son chapeau qui évoque une éponge :

- le chapeau, alvéolé et plissé, blond de couleur, tirant sur le brun, a la consistance de la cire
- sous le chapeau, ni lames, ni tubes, ni aiguillons
- le pied est blanc, large, aussi creux que la tête.

La chair est blanche, peu épaisse et ferme, à saveur douce et odeur agréable.

Quand poussent-ils ?

D'avril à mai. C'est une espèce exclusivement printanière.

Cuisinés, peut-on les manger ?

Oui, à condition de la faire cuire : crue, elle est toxique.

À faire cuire absolument.

✔ Poussent en « ronds de sorcière »

Mousseron d'automne ou marasme des oréades

Marasmius oreades

? Où les trouver ?

Dans les prés, où ils forment de beaux cercles d'herbe verte qui s'élargissent d'année en année. Ce champignon aime la lumière, mais pas la chaleur.

Comment les reconnaître ?

Aisément, il est facile à discerner.

- un chapeau ocre petit et en cloche, aux bords parfois relevés, avec un mamelon central plus foncé
- des lamelles très espacées, blanchâtres ou ocres
- un pied grêle.

La chair est douce et jaunâtre, à l'odeur agréable.

Quand poussent-ils ?

À l'automne essentiellement, où leur densité est parfois si grande qu'ils font mourir l'herbe à leur pied.

Cuisinés, peut-on les manger ?

Bien sûr ! Ce petit champignon est très populaire et l'un des plus récoltés – laissez le pied, trop coriace. On peut facilement le faire sécher au soleil ou au four.

✔ Champignon court

✔ Blanc crème

Mousseron vrai ou mousseron de la Saint-Georges

Tricholoma gambosa (georgii)

? Où les trouver ?

Dans les prés printaniers, souvent en « ronds de sorcière », ou en lisière des forêts, toujours en terrain calcaire.

Comment les reconnaître ?

Le fameux mousseron de printemps possède :

- un chapeau rond et convexe, tout nu – qui peut atteindre 15 cm de diamètre
- des lamelles très étroites, blanches puis crème
- un pied court et épais.

La chair est bien ferme, blanche et compacte, à l'odeur suave de farine fraîche.

À ne pas confondre avec une amanite, dont le pied porte volve et anneau, ni avec l'entolome livide (lamelles roses, chapeau grisâtre).

Quand poussent-ils ?

Exclusivement au printemps.

Cuisinés, peut-on les manger ?

Bien sûr. Il s'agit d'un des meilleurs champignons !
On peut le faire réduire au beurre, puis ajouter de la crème et un jaune d'œuf. Un régal !

- ✔ Couleur rose vif
- ✔ odeur de radis pourri

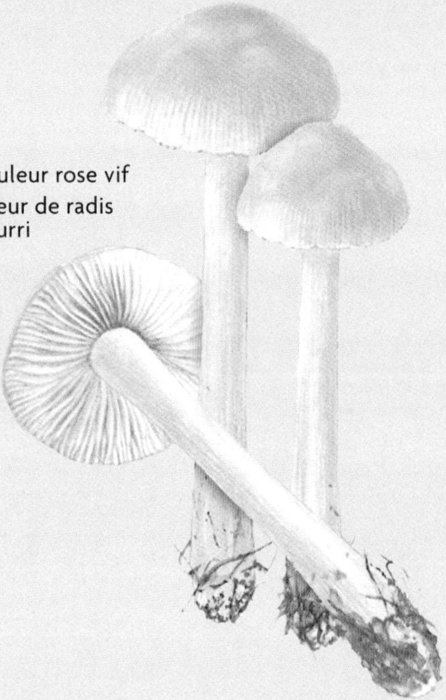

Mycene rose

Mycena rosea

? Où les trouver ?

Dans toutes les forêts, sur tous les sols. Pousse isolément, ou en troupes parfois nombreuses. C'est une espèce très commune.

Comment les reconnaître ?

C'est un champignon moyen de 3 à 5 cm de diamètre.

- le chapeau est cônique et peu charnu, strié, de couleur rose vif
- les lamelles sont peu serrées ; le pied est raide et lisse
- Son odeur de vieux radis est très caractéristique et permet de ne pas le confondre.

Quand poussent-ils ?

De l'été à l'automne. Il a besoin de chaleur pour se reproduire.

Cuisinés, peut-on les manger ?

Non, car il est légèrement toxique ; son odeur repoussante n'invite pas, heureusement, à le consommer !

- ✔ Pousse sur les arbres
- ✔ Informe et gélatineux

Oreille de Judas

Hirneola auricula-judae

? Où les trouver ?

Sur les vieux troncs des arbres, des sureaux en particulier.

Comment les reconnaître ?

Ce champignon extrêmement caractéristique ne peut guère être confondu avec un autre, même si son aspect difforme et gélatineux le laisse confondre avec la gomme des arbres !

- c'est un champignon sans pied, mince, translucide et de couleur noire/olive, généralement échancré sur un côté.

La chair est transparente et de saveur douce et inodore. La légende raconte que Judas, après avoir trahi Jésus, se soit pendu à un sureau...

Quand poussent-ils ?

Du printemps à l'automne.

Cuisinés, peut-on les manger ?

Oui, c'est un commestible dont rafollent les Asiatiques et qui donne aux sauces une consistance gélatineuse. Se dessèche très facilement.

✔ Magnifique couleur jaune- orangé

Oronge

Amanita caesarea

? Où les trouver ?

L'oronge adore la chaleur, et c'est assez communément qu'on la cueille dans le Midi, en Corse très souvent, dans les bois de châtaigners ou sous les chênes.

Comment les reconnaître ?

Outre que sa chair épaisse est très odorante, l'oronge possède des caractères qui la rendent également très reconnaissable :

- le chapeau – 5 à 16 cm de diamètre – est nu, strié sur la marge
- les lamelles sont serrées et jaunes, à la grande différence des autres amanites
- le pied, jaune également, porte un anneau jaune et une volve blanche très large et très ample.

Quand poussent-ils ?

Au début de l'automne, souvent après des étés brûlants.

Cuisinés, peut-on les manger ?

Oui ! L'oronge est considérée comme un des meilleurs champignons, pourchassé dans toute la France. Les Romains en raffolaient !

✔ En forme d'entonnoir

Paxille enroulé

Paxillus involutus

? Où les trouver ?

Dans les bois, les prés, sous les feuillus comme sous les résineux.

Comment les reconnaître ?

On le surnomme « chanterelle brune » car il lui ressemble :

- le chapeau est lisse et visqueux en son centre, convexe, aux bords striés et enroulés en dessous
- les lamelles sont minces, serrées et jaune pâle. Elles se détachent toutes ensemble quand on les presse, comme les tubes des bolets.

La chair est jaunâtre, brunissant à l'air, noircissant complètement à la cuisson – ce qui devrait dissuader définitivement les téméraires !

Quand poussent-ils ?

De juin à décembre, il est très commun sur des terrains très différents.

Cuisinés, peut-on les manger ?

Non. Ce champignon est très toxique, mortel à l'état cru.

✓ Couleur miel, pousse en groupes sur les troncs

Pholiote changeante

Kuehneromyces mutabilis

? Où les trouver ?

Sur les souches et les troncs de feuillus, plus rarement sur le bois des conifères.

Comment les reconnaître ?

Ce champignon sympathique est facile à identifier :

- le chapeau est convexe (2 à 5 cm de diamètre), de couleur miel/cannelle, plus translucide sur les bords
- les lamelles sont serrées, blanches puis cannelle
- le pied est long et coudé, creux, noircissant à la base, couvert d'écailles au-dessus de l'anneau.

Quand poussent-ils ?

À partir de mai. C'est une espèce courante.

Cuisinés, peut-on les manger ?

Oui. C'est un champignon très apprécié, délicieux en soupe ou en sauce.

✔ Pousse
sur souches ou
troncs d’arbre

Pholiote du peuplier

Agrocybe aegerita

? Où les trouver ?

Avec une prédilection pour le peuplier, la pholiote pousse en touffes à la base et sur les bois d'arbres divers, les peupliers (tronc ou racines), surtout dans le Midi de la France.

Comment les reconnaître ?

C'est un champignon robuste, qui peut recouvrir parfois tout le tronc de l'arbre :

- le chapeau est jaunâtre et soyeux, d'aspect crevassé
- les lamelles blanches deviennent rouille
- le pied est ferme, blanc, et porte un anneau fugace vers son sommet.

La chair est ferme, douce, à l'odeur agréable.

Quand poussent-ils ?

Du printemps à l'automne, où elle est très commune.

Cuisinés, peut-on les manger ?

Certainement. Ce champignon est très apprécié dans le Midi. On peut en faire la culture en frottant un chapeau de pholiote sur un tronc de peuplier.

✔ Chapeau jaune recouvert de grosses mèches brunes

Pholiote écailleuse

Pholiota squarrosa

? Où les trouver ?

En plein champ, jamais en forêt. Elles poussent en touffes à la base des feuillus et des souches.

Comment les reconnaître ?

C'est un des champignons à l'aspect les plus spectaculaires et les plus décoratifs :

- le chapeau bombé est recouvert de grandes mèches jaunes à brunes et retroussées en crochet, faites de gros poils agglomérés
- le pied, plein, est également recouvert de mèches retroussées, jusqu'à l'anneau
- les lamelles sont jaunes, puis s'assombrissent en couleur rouille.

La chair jaune vif dégage une odeur de bois pourri.

Quand poussent-ils ?

En automne, tardivement.

Cuisinés, peut-on les manger ?

Non. Mieux vaut s'abstenir, tant l'odeur est répugnante.

✔ Pied
d'une belle
couleur
lilas-bleu

Pied bleu

Lepista nuda

? Où les trouver ?

Dans les bois de feuillus et de résineux, mais aussi dans les parcs et les jardins.

Comment les reconnaître ?

Le pied bleu est facilement reconnaissable à sa couleur violacée :

- le chapeau, de taille moyenne, est gris
- les lamelles sont minces et serrées, de couleur violet améthyste
- le pied est parfois d'un gris un peu plus soutenu que celui du chapeau.

La chair est tendre, blanc mauve, et très parfumée.

Il n'y a pas de risque grave de confusion, si l'on se repère à la couleur générale du champignon.

Quand poussent-ils ?

Le pied bleu apparaît tardivement, à la fin de l'automne, et subsiste jusqu'aux grands froids.

Cuisinés, peut-on les manger ?

Oui, car ce champignon est un bon comestible, un des plus populaires. Il convient de le cuire, car il peut se révéler pour certains assez indigeste s'il est consommé cru.

✓ Le dessous du chapeau est couvert de petits aiguillons

Pied de mouton

Hydnum repandum

? Où les trouver ?

Dans tous les bois humides de feuillus.

Comment les reconnaître ?

Ses particularités écartent tout risque de confusion avec une quelconque espèce dangereuse :

- le chapeau est velouté, charnu, blanchâtre et compact
- sous le chapeau, la présence d'aiguillons blancs crème le rendent parfaitement identifiable
- le pied est épais, et se tache de brun à la cassure, comme la chair ; plusieurs pieds peuvent se souder ensemble.

La chair, sans odeur particulière, est cassante.

Quand poussent-ils ?

Dès la fin de l'été et jusqu'en novembre, en groupes, et quand la température baisse.

Cuisinés, peut-on les manger ?

Oui. Le pied de mouton est un bon accompagnement pour nombre de plats. Il convient de bien gratter les aiguillons avant préparation.

✔ Ressemble aux girolles !

Pleurote de l'olivier

Omphalotus olearius

? Où les trouver ?

Au pied d'arbres divers (charme, chêne, châtaignier) et surtout au pied des oliviers, où ils poussent en touffes énormes. Ils sont très fréquents dans le Midi.

Comment les reconnaître ?

Ce sont des champignons assez imposants (chapeau de 10 à 15 cm de diamètre) de couleur orangé vif à brun-rouge. Ils sont plus grands et plus rouges que les girolles.

- la chair est blanche puis jaune à la maturité, et répand une curieuse odeur d'huile d'olive
- le pied est souvent oblique et parfois très court mais peut avoir 10 à 15 cm de long.

Curiosité : ce champignon est phosphorescent dans l'obscurité, au point de permettre la lecture d'un texte. Il suffit d'isoler dans le noir des champignons bien frais pour remarquer leur surprenante lueur blanc-verdâtre !

Quand poussent-ils ?

Au printemps et à l'automne.

Cuisinés, peut-on les manger ?

Absolument pas. Les imprudents qui les confondent avec des girolles (chanterelles) subissent des intoxications très graves.

✔ Pousse
sur du bois,
chapeau en
forme d'huître

Pleurote en huître

Pleurotus ostreatus

? Où les trouver ?

Sur des souches ou des troncs, où ils poussent ensemble à partir d'un même pied, qui se ramifie latéralement.

Comment les reconnaître ?

Le risque de confusion est quasiment nul :

- le chapeau en coquille – 6 à 12 cm de diamètre – qui varie du noir violet au brun pâle en passant par le gris, est humide
- les lamelles sont blanches ou rosées
- le pied unique se ramifie.

La chair est ferme et blanche, à l'odeur et à la saveur agréables.
Les pleurotes sont des champignons appréciés et très consommés, qu'on peut cultiver sur bois de peuplier.

Quand poussent-ils ?

De septembre à novembre, dans les forêts de peupliers, noyers, chênes ou parfois hêtres.

Cuisinés, peut-on les manger ?

Oui. Après les avoir coupés, les faire revenir dans 2 cuillerées à soupe d'huile d'olive. Ajouter 2 gousses d'ail, un gros bouquet de persil, sel et poivre. Laisser mijoter 15 min.

- ✔ Aussi dur que le bois !
- ✔ Pousse sur les arbres

Polypore à feu - amadou

Fomes fomentarius

? Où les trouver ?

Sur les troncs d'arbres, que ce champignon parasite et « mange ».

Comment les reconnaître ?

Il n'y a pas d'hésitations : ce gros champignon, dur comme le bois (parfois plus encore !), ne peut être confondu avec un autre. De couleur gris noir à gris pâle, il est parcouru de sillons concentriques et pousse en couches nouvelles recouvrant la précédente.

Quand poussent-ils ?

Toute l'année (c'est un vivace).

Cuisinés, peut-on les manger ?

Non, c'est impossible ! Il servait jadis à allumer le feu (coupé en tranches, assoupli au maillet et imbibé de salpêtre, il s'allume au contact d'une étincelle), à arrêter les hémorragies et à soigner les ongles incarnés...

✔ Chapeau garni de mèches brunes

Psalliote forestière

Agaricus silvaticus

? Où les trouver ?

Dans les bois de pins épicéa, parfois sous les feuillus.

Comment les reconnaître ?

C'est un champignon assez grand (8 à 12 cm de diamètre), au chapeau bombé garni de mêches brunes caractéristiques, formant comme une toison.

- les lamelles sont serrées et libres, passant du gris pâle au rose (comme chez toutes les psalliotes)
- le pied est long, cylindrique et pourvu d'un anneau blanc.

La chair est ferme, abondante, à l'odeur d'anis, et rougit à la cassure.

Quand poussent-ils ?

Du printemps à l'automne, à proximité des conifères.

Cuisinés, peut-on les manger ?

Absolument oui, c'est un champignon délicieux, au goût très fin.

✔ Tout petit

✔ Chapeau en « bonnet de lutin »

Psilocybe fer de lance

Psylocybe semilanceata

? Où les trouver ?

Dans les pâturages de montagne, sur les pelouses.

Comment les reconnaître ?

Ce sont des champignons minuscules (8 cm de haut, chapeau de 1 cm de diamètre).

- le chapeau est très caractéristique (bonnet de lutin) et de couleur jaunâtre. Les lamelles sont presque verticales, de couleur crème puis bistre purpurine
- le pied est très mince (2 à 3 mm d'épaisseur), creux, jaune pâle et de forme tortueuse.

Attention : ce champignon hallucinogène produit des effets comparables au LSD (les champignons de cette famille sont utilisés par les sorciers mexicains...). Danger !

Quand poussent-ils ?

Au printemps, dans les prés humides.

Cuisinés, peut-on les manger ?

Non, sous peine d'un « voyage » très spécial ! Le ramassage et le transport en sont d'ailleurs interdits.

✔ Chapeau blanc et lamelles rosées

Rosé des prés

Agaricus (ou psalliota) campestris

? Où les trouver ?

Ce champignon est très commun dans les prés, où il pousse en grand nombre après la pluie ou les fortes rosées.

Comment les reconnaître ?

Le rosé des prés est à examiner attentivement et à différencier d'une amanite mortelle :

- son chapeau est d'un blanc soyeux
- les lamelles roses deviennent brunes, puis noires en vieillissant
- le pied, court et blanc, porte un anneau mince et fragile, et pas de volve.

La chair, ferme, qui devient brune à la cassure, a la bonne odeur du champignon de couche (champignon de Paris).

À ne pas confondre avec l'amanite phalloïde (lamelles blanches et volve sur le pied).

Quand poussent-ils ?

De la fin de l'été à l'automne, après les fortes chaleurs. Le rosé des prés peut pousser en une demi-journée : en fin d'après-midi, retournez au pré où vous avez fait une belle récolte matinale !

Cuisinés, peut-on les manger ?

Oui ! C'est l'un des meilleurs champignons, certainement le plus connu, depuis les temps anciens.

✔ Couleur typique brun vineux ou pourpré, au centre plus foncé

Russule comestible

Russula vesca

? Où les trouver ?

Dans les forêts de chênes et de hêtres.

Comment les reconnaître ?

Le chapeau est sphérique (5 à 12 cm de diamètre), de couleur brun-rosé, au centre plus foncé :

- les lames sont blanches, fragiles à la pression du doigt, fines et serrées
- le pied est blanc, souvent taché de rouille ; 8 à 10 cm de haut.

On peut la confondre avec plusieurs russules, de plus ou moins bonne qualité comestible, sans degré de grande toxicité, toutefois.

Quand poussent-ils ?

Au début du printemps, dès le mois de mai.

Cuisinés, peut-on les manger ?

Oui. C'est un comestible agréable, quoique sans grande saveur. À utiliser en ragoût, ou pour parfumer un plat.

- Gros champignon d'un noir sale
- La chair coupée rougit, puis noircit

Russule noircissante

Russula nigricans

? Où les trouver ?

Dans les bois de feuillus et de résineux.

Comment les reconnaître ?

Ce champignon d'apparence massive devient complètement noir avec l'âge :

- large chapeau – 10 à 20 cm de diamètre
- larges lamelles épaisses et très espacées
- pied puissant et plein.

La chair coupée rougit puis noircit très rapidement.
La russule noircissante a la particularité d'être quasiment imputrescible : ses restes subsistent d'une année sur l'autre, sous forme de squelette.

Quand poussent-ils ?

De juillet à novembre.

Cuisinés, peut-on les manger ?

Médiocre comestible, la russule est sans grande valeur culinaire. Sa chair est épaisse et très dure.

✔ Tout jaune,
à l'odeur
nauséabonde

Tricholome équestre

Tricholoma flavovirens

? Où les trouver ?

Très commun dans le Sud-Ouest, et plus généralement dans les forêts de feuillus et de conifères. Il se cache souvent dans la mousse des pins.

Comment les reconnaître ?

Le tricholome équestre est d'une belle couleur jaune, d'assez petite taille :

- un chapeau de 5 à 8 cm de diamètre
- de larges lamelles jaunes
- un pied cylindrique, jaune lui aussi, parfois tacheté de petits points bruns.

La chair est également jaune, d'une odeur semblable à celle du gaz. Son nom remonte au Moyen Âge, où seuls les chevaliers avaient le droit de ramasser ce champignon goûteux.

Quand poussent-ils ?

D'août à novembre : le tricholome aime bien la chaleur.

Cuisinés, peut-on les manger ?

Oui. Beaucoup d'amateurs pourchassent ce champignon, dont l'odeur disparaît à la cuisson.

- ✔ Chapeau velouté de gris, souvent fendu
- ✔ Lamelles apparentes

Tricholome terreux

Tricholoma terreum

? Où les trouver ?

Souvent en abondance dans les bois de pins.

Comment les reconnaître ?

Grâce à leur chapeau un peu conique ou mamelonné, jamais visqueux, de 4 à 8 cm de diamètre :

- il est facilement fendu, couvert d'une toison soyeuse, gris souris
- les lamelles sont dentelées, blanchâtres puis grises, apparaissant à maturité
- le pied est tendre, fibrillé, fragile et blanc.

La chair est fragile, blanche et douce.

Ce champignon est très difficilement transportable.

Quand poussent-ils ?

En automne.

Cuisinés, peut-on les manger

Oui. C'est un comestible agréable quand il est jeune, qu'il est plus difficile de consommer à maturité, du fait de sa grande fragilité.

✔ Ressemble
à une gentiane
noire

Trompette des morts ou craterelle

Craterellus cornucopioides

? Où les trouver ?

Dans les sous-bois de feuillus, sur des sols boueux ou au millieu des feuilles mortes.

Comment les reconnaître ?

Très caractéristique, elle ne peut pas être confondue avec d'autres espèces :

- elle ne possède pas de chapeau, mais ressemble à une trompette aux bords ondulés, creuse à l'intérieur jusqu'à la base
- elle ne présente ni lamelles ni plis.

La chair est très mince, très parfumée et se dessèche bien. Il est aisément possible de la conserver, même sous forme de poudre.

Quand poussent-ils ?

En automne, aux alentours de la Toussaint, en troupes parfois extrêmement denses : le sol en est parfois tout noir !

Cuisinés, peut-on les manger ?

Oui. La trompette des morts est délicieuse en omelette. Il ne faut cependant pas en abuser, car ses fibres sont parfois résistantes aux sucs digestifs.

✔ Ressemble
à un ballon posé
sur l'herbe

Vesse de loup géante

Bovista gigantea

? Où les trouver ?

Dans les prés fumés et les jardins.

Comment les reconnaître ?

Il est parfois possible de l'apercevoir à plusieurs kilomètres de distance. La vesse de loup géante est sphérique :

- le chapeau et le pied ne font qu'un, pouvant mesurer jusqu'à 50 cm de diamètre
- le corps est une énorme enveloppe veloutée, lisse comme la peau d'un gant, d'un blanc devenant brun jaunâtre
- l'intérieur, tout blanc, est ferme chez le champignon jeune ; à maturité, il devient pulvérulent.

Quand poussent-ils ?

Au début de l'automne, en une nuit.

Cuisinés, peut-on les manger ?

Oui. C'est un comestible acceptable et original, uniquement à l'état jeune.
Couper en tranches, faire frire dans du beurre et arroser de jus de viande.

- Chapeau visqueux
- Une volve mais pas d'anneau

Volvaire gluante

Volvaria gloiocephala

? Où les trouver ?

Dans les jardins, sur les décombres ou le fumier, le bois en décomposition.

Comment les reconnaître ?

La volvaire gluante ressemble à une amanite à cause de sa volve, mais elle ne possède pas d'anneau, signe distinctif très important :

- le chapeau est charnu, gris livide ou presque blanc, à l'aspect très glutineux, gluant
- les lamelles sont blanches et larges, devenant rose brunâtre
- le pied est plein et blanc.

La chair blanche et molle exhale une faible odeur de radis.

À ne pas confondre avec l'amanite phalloïde, mortelle, qui possède un anneau sur le pied, et dont les lames sont blanches.

Quand poussent-ils ?

En été et en automne.

Cuisinés, peut-on les manger ?

Oui, car la volvaire gluante est un bon comestible.

Recettes

Cèpes à la bordelaise

4 pers.

Ingrédients : 15 à 20 cèpes de Bordeaux, 50 cl d'huile, 2 gousses d'ail, 1/2 verre de persil haché, sel et poivre.

Préparation *(10 min)*

- Préparer des cèpes jeunes, bien fermes et de taille moyenne. Ne pas les laver, mais les essuyer avec un linge, puis retirer les pieds et les couper en deux dans le sens de la longueur.
- Faire d'abord cuire les chapeaux dans l'huile : il faut les saisir quand l'huile est bouillante et les faire dorer rapidement des deux côtés.
- Sortir les chapeaux et les installer dans un faitout dans lequel vous aurez versé quelques cuillerées d'huile, faire chauffer très doucement.
- Procéder ensuite avec les pieds comme avec les chapeaux. Les rajouter dans le faitout.
- Ajouter le hachis d'ail et de persil et le parsemer sur les cèpes. Votre plat est prêt, et pourra attendre ainsi quelques instants avant d'être servi.

Cuisson : *30 min (cela dépend du nombre de champignons)*

Champignons à la grecque

4 pers.

Ingrédients : **300 g de champignons (rosés des prés, mousserons ou champignons de Paris), 1/2 verre d'huile d'olive, 10 grains de poivre noir, 1 cuillerée à café de coriandre en grains, citron, 1 cuillerée à café de graines de fenouil, bouquet garni, sel.**

Préparation *(10 min)*

- Laver soigneusement les champignons. Ajouter du citron pour les empêcher de noircir et les couper en morceaux s'ils sont un peu gros.
- Marinade : faire cuire ensemble, pendant 20 min, 50 cl d'eau, l'huile d'olive, les grains de poivre, de coriandre et de fenouil, le bouquet garni et le sel.
- Amener doucement le mélange à ébullition et ajouter les champignons. Laisser cuire à petits bouillons pendant 10 min.
- Laisser refroidir et conserver au frais dans la marinade.

Cuisson : *30 min*

Champignons froids paysans à l'ail

4 pers.

Ingrédients : **300 g de champignons (rosés, mousserons, collybies (attention aux espèces qui doivent absolument être cuites, comme les morilles), sauce vinaigrette à l'ail (15 cl d'huile d'arachide ou d'olive ; 4 cuillerées à soupe de vinaigre de vin ; 1 cuillerée à café de moutarde, 1 gousse d'ail pilée, sel et poivre), 125 g de lardons fumés, persil.**

Préparation *(10 min)*

- Bien laver les champignons, les égoutter et les citronner pour éviter qu'ils noircissent. S'ils sont gros, les couper en petits morceaux. Bien vérifier que les espèces choisies peuvent être consommées crues.
- Les mélanger dans un récipient avec la vinaigrette et bien remuer.
- Laisser reposer plusieurs heures en remuant doucement de temps en temps pour qu'ils s'imprègnent bien.
- Avant de servir, faire revenir les lardons dans une petite cuillerée d'huile. Verser sur les champignons et ajouter le persil.

Pas de cuisson, *mais laisser reposer plusieurs heures.*

Méli-mélo de champignons et d'oignons

4 pers.

Ingrédients : 300 g de champignons (mélanger des espèces de saveurs différentes, par exemple des mousserons avec des morilles, ou des cèpes avec des girolles), 300 g d'oignons, 100 g de jambon, beurre, persil, poivre.

Préparation *(15 min)*

- Laver les champignons et les couper en lamelles, ainsi que les oignons.
- Cuire dans un peu d'eau salée avec un peu de beurre, en ajoutant le jambon coupé en petits dés. Bien mélanger le tout.
- Laisser mijoter pendant 30 min, très doucement. Poivrer légèrement avant de servir chaud en saupoudrant d'un peu de persil haché.

Cuisson : *30 min*

Omelette aux champignons

4 pers.

Recette facile que vous pouvez réaliser avec tous les champignons un peu fermes que vous aurez cueillis (par exemple pleurottes, mousserons, oronges, cèpes, etc.).

Ingrédients : 500 g de champignons, 3 cuillerées à soupe d'huile (arachide ou olive), 5 œufs, 60 g de beurre, 1 cuillerée à soupe de lait froid, persil ou ciboulette, sel, poivre.

Préparation *(20 min)*

- Nettoyer les champignons à grande eau, puis égoutter en les pressant légèrement entre les mains.
- Faire chauffer l'huile dans une sauteuse, y jeter les champignons. Saler et poivrer. Couvrir et faire ainsi dégorger pendant 5 min.
- Égoutter, puis ajouter dans la sauteuse la moitié du beurre. Couvrir et laisser cuire tout doucement pendant 20 min.
- Dans un bol, casser les œufs. Ajouter lait, sel, poivre et battre pour obtenir une préparation homogène.
- Dans une poêle, mettre à chauffer doucement le reste de beurre et y ajouter les œufs battus. Surveiller la cuisson et ajouter les champignons au centre de la préparation.
- Replier l'omelette sur les champignons, ajouter le persil ou la ciboulette.
- Servir bien chaud.

Cuisson : *30 min*

Astuce : avec une salade aux croûtons, ce plat peut servir de mets principal à un repas léger.

Variante : la préparation de champignons peut être ajoutée à des œufs brouillés qui seront servis sur des petites assiettes individuelles.

Quiche classique de tous les champignons *5/6 pers.*

Ingrédients : **1 rouleau de pâte brisée, 3 œufs, 60 g de beurre, 1 ou 2 échalotes, 10 cl de crème fraîche épaisse, herbes fraîches (ciboulette, persil, etc.), 400 g de champignons de Paris ou sauvages, au choix (girolles, cèpes, cortinaires majestueux...).**

Préparation *(30 min)*

- Préchauffer le four (180°/6). Étaler bien la pâte brisée sur le moule un peu fariné. Recouvrir de haricots secs avant d'enfourner 25 min. Puis badigeonner (après avoir enlevé les haricots !) avec un jaune d'œuf et remettre à cuire 5 min.
- Dans une poêle antiadhésive, faites sauter dans le beurre les champignons (séparément si vous en avez de différents types) et veiller à ce qu'ils rendent bien leur eau (5 min).
  Ajouter l'échalote hachée, cuire 1 min.
  Puis laisser refroidir après avoir égoutté les champignons.
- Battre ensemble 3 jaunes d'œufs, la crème, les herbes, sel et poivre de qualité.
- Verser la préparation aux œufs et les champignons refroidis ensemble sur la pâte. Cuire 25 min.
  Laisser reposer quelques minutes avant de servir.

Cuisson : *1 h 15 min*

Salade fraîche à la viande et aux champignons

4 pers.

Ingrédients : restes de viande, champignons (pas de morilles ni de pied bleu qui doivent être cuits, mais des espèces parfumées, comme des cèpes ou des coulemelles), herbes fraîches, vinaigrette, baies roses.

Préparation *(10 min)*

- Avec des restes d'aiguillettes de canard ou de poulet, composer cette salade froide en détaillant bien la viande.
- Y ajouter des champignons crus en lamelles s'il s'agit de champignons de Paris (lavés et citronnés) ou en petits morceaux s'il s'agit de champignons sauvages.
  Bien vérifier que les espèces choisies peuvent être consommées crues.
- Ajouter des herbes (persil, cerfeuil, ciboulette), quelques baies roses et préparer une vinaigrette bien moutardée (moutarde fine de Meaux, par exemple).
- Servir frais sur un lit de salade et/ou de concombre.

Pas de cuisson

Sauce aux champignons

4 pers.

Idéale pour accompagner une viande blanche, par exemple.

Ingrédients : 125 g de champignons hachés (cèpes, collybies, oronges), 2 cuillerées à soupe d'huile, 1 cuillerée à soupe de farine, 1 oignon haché, 1 gousse d'ail pilée, 10 cl de bouillon, 10 cl de lait, sel et poivre (en option : quelques gouttes de sauce de soja).

Préparation *(10 min)*

- Faire revenir l'oignon dans l'huile, ajouter l'ail et les champignons pendant 2 min.
- Hors du feu, ajouter la farine, puis le bouillon et le lait.
- Porter à ébullition et tourner à la cuiller en bois 3 min.
  Saler et poivrer. Ajouter éventuellement la sauce de soja.
- Pour que cette sauce soit fluide, la passer au mixeur après avoir laissé refroidir quelques minutes.

Cuisson : *5 min*

Turbot aux girolles

4 pers.

Voici un plat de fête, raffiné, qui enchantera vos invités.

Ingrédients : 1 turbot (faire lever les filets - garder les arêtes pour le fumet), 500 g de girolles, 80 g de beurre, 20 cl de crème fraîche, 1 blanc de poireau, 1 branche de céleri, 2 oignons, 30 cl de vin blanc sec, 1 bouquet garni, 3 échalotes, sel, poivre.

Préparation *(30 min)*

- Fumet : à acheter tout fait (mouillé avec du bouillon) ou à réaliser avec les arêtes mises dans de l'eau froide, puis grossièrement concassées.
  - éplucher les légumes et les émincer ;
  - les faire suer dans 20 g de beurre, ajouter les arêtes, mouiller avec le vin blanc et ajouter 50 cl d'eau, le bouquet garni, sel et poivre ;
  - cuire à petits bouillons pendant 20 min et filtrer.
- Faire fondre les échalotes pelées et émincées dans 20 g de beurre et mouiller avec la moitié du fumet.
- Ajouter la crème fraîche et laisser bouillir doucement pendant 25 min.
- Nettoyer soigneusement les girolles, les couper en bâtonnets et les faire revenir rapidement à la poêle dans 40 g de beurre.
- Les ajouter à la sauce et cuire 5 min. Saler et poivrer si nécessaire.
- Pocher les filets de turbot (5 min environ) dans le reste de fumet.
- Disposer les filets dans un plat de service, napper avec les girolles en sauce et servir.

Cuisson : *1 h 10 min*

Astuce : pour des convives affamés ou très gourmands, on peut accompagner ce plat de pâtes fraîches fines et cuites *al dente*.

Veau garni de champignons

4 pers.

Ingrédients : 800 g de rôti de veau, 300 g de cèpes ou de bolets, 200 g de courgettes, 100 g de lardons fumés, huile, beurre, sel, poivre.

Préparation *(15 min)*

- Cuire le rôti au four (ou au micro-ondes) après l'avoir soigneusement huilé.
- Pendant ce temps, nettoyer et couper en morceaux les champignons et les courgettes.
- Passer les lardons à la poêle.
- Mettre les champignons, courgettes et lardons dans une sauteuse, ajouter un peu de beurre, sel et poivre et cuire au micro-ondes quelques instants.

Cuisson : *40 min*

Astuce : ce mélange légumes/lardons accompagnera parfaitement votre rôti. À servir avec un vin charpenté (bordeaux, cahors).

Gratin de riz aux pleurotes

4 pers.

Ingrédients : 250 g de pleurotes, 8 cuillerées à soupe de riz, 60 g de gruyère râpé, 40 g de beurre, 2 cuillerées de farine, 25 cl de lait, sel, poivre, muscade.

Préparation *(10 min)*

- Faire cuire le riz à l'avance et le laver à l'eau.
  Nettoyer les champignons, les émincer et les faire revenir pendant 5 min dans 20 g de beurre. Saler et poivrer.
- Faire une sauce béchamel avec la farine, le reste du beurre, la farine et le lait ; compléter avec le gruyère, du sel et du poivre et ajouter une pincée de muscade.
- Dans un plat à gratin, disposer une couche de riz, les pleurotes, puis une couche de riz ; verser la sauce béchamel sur la préparation et faire gratiner à four chaud (220°-7/8) pendant une dizaine de minutes (surveillez la couleur du gratin).

Cuisson : *30 min (avec le riz)*

Morilles à la béarnaise

4 pers.

Ingrédients : 250 g de morilles fraîches, 125 g de jambon de Bayonne, 3 cuillerées à soupe d'huile d'olive, 1 verre de vin de Jurançon, 1/2 verre de bouillon, 30 g de beurre, 1 cuillerée à soupe de farine, 1 citron, 1 cuillerée de persil haché, sel, poivre, muscade.

Préparation *(10 min)*

- Nettoyer soigneusement les morilles et les couper en deux. Faire revenir dans l'huile d'olive le jambon coupé en petits morceaux, ceci pendant 3 min.
- Retirer le jambon et faire sauter les morilles dans cette huile de cuisson, pendant 5 min. Rajouter le jambon, le persil, une pincée de muscade, le bouillon et le vin.
  Faire cuire à feu doux pendant 45 min.
- Environ 20 min avant de servir, faire fondre le beurre dans une casserole et ajouter la farine. Quand le roux est lié, le mouiller avec quelques cuillerées du jus de cuisson des champignons ; ajouter cette liaison aux morilles et laisser mijoter encore 20 min.
  Au moment de servir, ajouter le jus de citron, saler et poivrer.

Cuisson : *1 h 15 min*

Poulet aux armillaires

4 pers.

Ingrédients : 750 g d'armillaires couleur de miel (ou de pholiotes, tricholomes ou pleurotes), 1 poulet, 100 g de beurre, 1 cuillerée de farine, 1 gousse d'ail, 1 jaune d'œuf, 1 cuillerée à soupe d'huile d'olive, sel, poivre.

Préparation *(20 min)*

- Rejeter les pieds des armillaires, passer les chapeaux sous l'eau froide et les ébouillanter (eau salée) pendant 5 min ; égoutter et hacher grossièrement.
- Faire cuire les champignons dans 50 g de beurre, ajouter l'ail haché, sel et poivre. Après 10 min de cuisson, saupoudrer de farine, remuer et lier avec le jaune d'œuf. Faire cuire un instant, en remuant.
- Farcir le poulet avec les champignons après avoir salé l'intérieur. Brider le poulet et le faire cuire dans une cocotte avec le reste du beurre, pendant 1 heure à feu moyen et en le retournant de temps en temps.

Cuisson : *1 h 15 min*

Astuce : servir le poulet découpé, entouré de farce, avec du riz blanc.

Poulet aux champignons parfumés

4 pers.

Ingrédients : 600 g de blancs de poulet • 1 sachet de champignons parfumés (25 g) • 6 cuil. à soupe de sauce de soja • 1 cuil. à soupe de cinq-parfums • 2 cuil. à soupe de cacahuètes non salées • 2 cuil. à soupe d'huile d'arachide • 1 bouquet de coriandre

Préparation *(15 min)*

- Faites tremper les champignons parfumés dans un grand bol d'eau chaude pendant 15 minutes.
- Concassez les cacahuètes.
- Découpez les blancs de poulet en lanières.
- Faites chauffer l'huile dans le wok, faites dorer les lanières de poulet pendant 5 minutes en les retournant régulièrement.
- Ajoutez les champignons, laissez cuire 2 minutes, saupoudrez de cinq-parfums, puis arrosez de sauce de soja.
- Prolongez la cuisson 5 minutes.
- Saupoudrez de cacahuètes et de coriandre ciselée.

Cuisson : *12 min*

Carpaccio de cèpes au parmesan

4 pers.

Ingrédients : 500 g de cèpes • 50 g de parmesan • 1 cuil. à soupe de vinaigre balsamique • 1 cuil . à café de vinaigre de Xérès • 2 cuil. à soupe d'huile de noix • 2 cuil. à soupe d'huile de tournesol • 1 salade feuilles de chêne • 12 cerbeaux de noix • sel, poivre du moulin.

Préparation *(15 min)*

- Lavez et essorez la salade.
- Mélangez dans un bol les deux vinaigres et les deux huiles, salez, poivrez.
- Lavez très soigneusement les cèpes après avoir coupé le pied terreux, coupez-les en fines lamelles.
- Versez la moitié de la sauce sur la salade, mélangez bien et répartissez-la sur quatre assiettes. Etalez dessus les lamelles de cèpes, puis versez le reste de sauce. Parsemez de noix grossièrement concassées. Servez sans attendre.

Carpaccio de champignons à l'ail

4 pers.

Ingrédients : 600 g de gros champignons de Paris • 2 citrons • 2 gousses d'ail • 1 yaourt nature • 2 cuil. à soupe d'huile • 1/2 bouquet de persil plat • sel, poivre.

Préparation *(10 min)*

- Pressez les citrons, versez le jus dans un bol.
- Lavez les champignons, essuyez-les soigneusement, puis tranchez-les très finement avec un couteau aiguisé. Disposez les lamelles de champignons en rosace sur quatre assiettes. Arrosez avec la moitié du jus de citron pour que les champignons ne noircissent pas.
- Epluchez les gousses d'ail, écrasez-les avec un presse-ail au-dessus du bol, ajoutez l'huile, du sel, du poivre et le yaourt. Battez à la fourchette pour obtenir un mélange lisse.
- Hachez le persil, saupoudrez-le sur les champignons..
- Servez le carpaccio avec la sauce en saucière.

Notre conseil : choisissez des champignons très blancs et sans taches pour cette recette.

Lotte aux champignons parfumés

4 pers.

Ingrédients : 800 g de lotte épluchée, sans arête • 3 briquettes de lait de coco (60 cl) • 2 paquets de champignons parfumés séchés (50 g) • 2 oignons • 2 gousses d'ail • 1 piment oiseau séché • 2 tiges de citronnelle • 1 citron vert non traité • 2 cm de gingembre frais • 1 cuil. à soupe de coriandre en poudre • 1 cuil. à soupe de cumin en poudre • 1/2 bouquet de ciboulette • 4 cuil. à soupe d'huile d'arachide • sel, poivre

Préparation *(10 min)*

- Mettez les champignons parfumés dans un saladier, recouvrez-les d'eau bouillante et laissez-les se réhydrater pendant 15 minutes.
- Épluchez l'ail et l'oignon, hachez-les. Pelez le gingembre et râpez-le.
- Coupez la citronnelle en rondelles. Prélevez le zeste du citron vert avec un couteau économe et râpez-le.
- Pressez le fruit. Ciselez la ciboulette. Coupez la lotte en dés.
- Faites chauffer l'huile dans le wok, faites revenir l'ail, l'oignon, le gingembre, la citronnelle pendant 3 minutes, saupoudrez de coriandre et de cumin.
- Arrosez de lait de coco et de jus de citron vert, ajoutez les champignons parfumés, le poisson, émiettez le piment oiseau, salez, poivrez.
- Portez à ébullition, baissez le feu et poursuivez la cuisson 10 minutes. Saupoudrez de zeste de citron vert râpé et parsemez de ciboulette ciselée.

Cuisson : *15 min*

Salade de champignons au citron

4 pers.

Ingrédients : 800 g de champignons de Paris bien blancs • 1 citron • 25 cl de crème fraîche • 1 bouquet de persil • sel, poivre

Préparation *(10 min)*

- Lavez les champignons et essuyez-les.
- Coupez-les en lamelles et mettez-les dans un saladier.
- Pressez le citron, versez-le sur les champignons, ajoutez la crème, salez, poivrez et mélangez bien.
- Saupoudrez de persil ciselé et servez bien frais.

Notre conseil : versez le citron sur les champignons immédiatement après les avoir coupés, car ils noircissent vite.

Risotto au jambon et aux champignons

4 pers.

Ingrédients : 250 g de riz • 2 cubes de bouillon de poule • 250 g de champignons • 250 g de talon de jambon • 20 g de margarine • 2 cuil. à soupe d'huile • sel, poivre

Préparation *(15 min)*

- Coupez le jambon en petits dés. Réservez. Épluchez les champignons, émincez-les finement.
- Faites-les revenir doucement dans la margarine dans une sauteuse, salez, poivrez, retirez-les avec une écumoire, réservez.
- Reconstituez le bouillon en diluant un cube dans 50 cl d'eau bouillante. Versez l'huile dans la sauteuse et ajoutez le riz.
- Remuez bien avec une spatule et laissez cuire à feu doux jusqu'à ce que les grains de riz soient transparents.
- Puis versez une louche de bouillon sans cesser de mélanger ; dès que le liquide a été absorbé, ajoutez une autre louche de bouillon, et renouvelez l'opération jusqu'à ce que le riz soit cuit.
- Ajoutez le jambon et les champignons, mélangez et réchauffez 2 minutes. Servez sans attendre.

Notre suggestion : présentez du parmesan râpé avec ce risotto. Vous pouvez aussi préparer cette recette avec des restes de poulet.

Couverture végétale de la France

La couverture végétale, issue du climat et du type de sol de chaque région, influe considérablement sur les microclimats nécessaires à la bonne croissance des champignons. Même les prés qui entourent les forêts sont influencés par la variété des arbres qui les entourent : les rosés des prés détestent la présence de conifères...

Avec toutes les réserves qu'imposent l'affirmation de grandes généralités, on peut reconnaître les principales zones suivantes :

1 Feuillus avec prédominance des chênes

armillaires, trompettes des morts, laccaires, cèpes, clitocybes, mycènes, entolomes, et, dans les prés : lacrymaires, rosés, coprins, mousserons et pholiotes.

2 Feuillus hêtres et chênes mélangés

cèpes, bolets, pleurotes, pied de mouton, morilles, marasme, lépiotes, girolles, coulemelles, oreilles de Judas, clavaires, amanites.

3 Résineux

armillaires, tricholomes, pieds bleus, hygrophores, lactaires, gomphides, girolles, cortinaires, mycènes, psalliotes.

4 Végétation de montagne : feuillus et résineux

russules, psilocybes, paxilles, hygrophores, collybies, amanites, cystodermes.

5 Végétation méditéranéenne

chêne vert, chêne liège, pin parasol : oronges, cèpes, pleurotes.

6 Zones d'ensoleillement important

(plus de 2400 heures de soleil par an) : peu favorables aux mousserons, mais bénéfiques à la poussée des champignons...

1

Feuillus avec prédominance des chênes

Feuillus hêtres et chênes mélangés

Résineux

Lille
NORD-PAS-DE-CALAIS
Arras
Amiens
PICARDIE
Laon
Charleville-Mézières
Rouen
HAUTE-NORMANDIE
Beauvais
Evreux
Pontoise
PARIS
Versailles
Évry
ILE-DE-FRANCE
Melun
Châlon-sur-Marne
CHAMPAGNE-ARDENNE
Troyes
Bar-le-Duc
Metz
LORRAINE
Nancy
Strasbourg
ALSACE
Colmar
Epinal
Chaumont
St-Lô
Caen
BASSE-NORMANDIE
Alençon
Chartres
St-Brieuc
Quimper
BRETAGNE
Rennes
Vannes
Laval
Le Mans
PAYS DE LA LOIRE
Angers
Nantes
Orléans
Blois
Tours
CENTRE
Châteauroux
Bourges
Auxerre
BOURGOGNE
Dijon
Nevers
Vesoul
Belfort
FRANCHE-COMTE
Besançon
Lons-le-Saunier
La Roche-sur-Yon
Niort
Poitiers
POITOU-CHARENTES
La Rochelle
Angoulême
Guéret
Limoges
LIMOUSIN
Tulle
Moulins
Mâcon
Bourg-en-Bresse
Annecy
Lyon
RHÔNE-ALPES
Chambéry
St-Etienne
Clermont-Ferrand
AUVERGNE
Le Puy-en-Velay
Aurillac
Grenoble
Valence
Privas
Périgueux
Bordeaux
AQUITAINE
Agen
Mt-de-Marsan
Cahors
Rodez
MIDI-PYRENEES
Montauban
Albi
Mende
LANGUEDOC-ROUSSILLON
Nîmes
Gap
PROVENCE-ALPES-CÔTE D'AZUR
Digne
Avignon
Monaco
Nice
Montpellier
Marseille
Toulon
Auch
Toulouse
Pau
Tarbes
Carcassonne
Foix
Perpignan
Bastia
CORSE
Ajaccio

Végétation de montagne : feuillus et résineux

Végétation méditéranéenne

6

Zones d'ensoleillement important

Index

Les champignons...
... et leur nom latin.

A

B

C